経営のコツここなりと気づいた価値は百万両

松下幸之助

PHP文庫

○本表紙図柄＝ロゼッタ・ストーン（大英博物館蔵）
○本表紙デザイン＋紋章＝上田晃郷

まえがき

私は、お互いの商売、経営を繁栄、発展させていく道というものは、いかなる困難、混迷の世の中においても必ず見出し得るものだと考えています。乱世といわれ、時代の転換期といわれて、いろいろむずかしい問題が次々に起こってくる今日の商売、経営についても、その対処の道は、いわば千種も万種もあるといってよいのではないかと思うのです。

しかし、そうした対応の道を適時適切に見出していくためには、やはりお互いが商売のコツ、経営の勘所というものを、それぞれなりにつかんでいる必要があると思います。ただ熱心に仕事をするというだけでは必ずしもうまくいかない。やはり商売、経営のコツをしっかりつかんだ上で懸命に努力してこそ、変化の激しい厳しい状況にも縦横に対応でき、混迷、困難を新たな発展の転機としていくことができるのだと思います。商売のコツ、経営のコツをつかむということは、まさに本書の標題のとおり、百万両いやそれ以上の価値があると思うのです。

私は、これまでの経営体験の中で、そうした商売、経営のコツの大切さについて折にふれて考え感じてきましたが、そうしたことの一端を改めてまとめてみたのが本書です。それらはいずれも、私自身の体験にもとづく私なりの行き方、考え方にすぎませんが、今日、きわめて厳しい環境の中で、それぞれのお立場で日夜にわたる真剣な努力を重ねておられる皆様に、いささかなりとも参考になるならば、まことに幸いに思います。

松下幸之助

昭和五十五年三月

経営のコツここなりと気づいた価値は百万両

目次

まえがき

第一章　商売のコツ　経営のコツ

第二章　経営者の心得

カット　長縄士郎

第一章

商売のコツ　経営のコツ

雨が降れば傘をさす

もう二十年近くも前になりますが、私が松下電器の社長から会長になってまもないころのことです。ある新聞記者の方が取材に来られて、

「松下さん、あなたの会社は非常に急速な発展を遂げてこられましたが、どういうわけでそうなったのか、その秘訣《ひけつ》をひとつ聞かせてくれませんか」

との質問です。

ひと口に発展の秘訣といわれても、さてどう答えたものやら、という気が一瞬しましたが、ふと思いついて私は、逆にこんな質問をその若い記者の方にしたのでした。

「あなたは雨が降ったらどうされますか」

その質問がよほど予想外だったのでしょう。その方はびっくりした顔つきで、しばらくとまどっておられるふうでしたが、それでもまじめに私が予期した答えを返してくれました。

「そりゃあ傘をさします」

「そうでしょう。雨が降れば傘をさす。そこに私は発展の秘訣というか、商売のコツ、経営のコツがあると考えているのです」

という話をしたのでした。

その考えは、二十年たった今も少しも変わりません。つまり、雨が降れば傘をさす。そうすればぬれないですみます。それは天地自然の理に順応した姿で、いわば万人の常識、ごく平凡なことです。商売、経営に発展の秘訣があるとすれば、それはその平凡なことをごく当り前にやるということに尽きるのではないかという気がするのです。

それは具体的にどういうことかといいますと、百円で仕入れたものはその品物の性質なりそのときの情勢に応じて、適正利益を加味した百十円なり百二十円の価格をつけて売るということです。それが商売において雨が降れば傘をさす一つの姿です。また、売ったものの代金は必ずキチンと集金する。これもその一つの姿でしょう。あるいは、売れないときには無理に売ろうとせずひと休みする。そしてまた売れるようになれば懸命につくる。そういうごく当たり前のこと、平凡なことが、雨が降れば傘をさすということであり、それを着実に力強く実践していくならば、商売なり経営というものは、もともと成功するようになっている。そう私は考えているのです。

雨が降れば傘をさすというようなことはだれでも知っています。傘もささずにぬれ放題というのは、よほど奇矯の人でもなければやりません。ところが、商売や経営のこととなりますと、これがなかなか当たり前にはいかなくなります。私心にとらわれて判断を誤り、傘もささずに歩きだすようなことを、しばしばしがちです。

たとえば、激しい競争に負けてはならないということから百円で仕入れたものを九十五円で売るとか、集金をキッチリせず、相手先からいわれるままに回収を延ばしておきながら、他から新たに資金を借りようとすることなどが、実際によく見受けられます。そういうことではうまくいくはずがありません。やはり利益をあげるためには仕入値以上の価格で売る。また借金をする前に、まず集金に全力を注ぐのがほんとうで、それでもなお資金がいるときに、初めて他から借りるべきでしょう。それが雨が降れば傘をさす、天地自然の理に従った姿です。

言葉に表わしてしまうときわめて簡単で、当たり前のことのように思われますが、このしごく簡単、当たり前のことを適時適切に実行するというところにこそ、商売なり経営の秘訣があるといえるのではないでしょうか。

その新聞記者の方とも、およそそのような話をして、分かったようでもあり、分からんようでもある、という笑い話になったのですが、私は実際、商売、経営に限らず、世の中のことはおおむねそういうようになっているのではないかと思うのです。

率先垂範が部下を動かす

たとえば十人の人を使って仕事をするという場合、その十人が十人とも自分の思うとおりに働いてくれるということは、めったにあるものではないと思います。その中の一人はいつも反対し、むしろじゃまになることさえある。そして二人はいてもいなくてもいいようなタイプである、といったことが、だいたいにおいていえるのではないでしょうか。

ですから経営者としては、十人の人がいれば三人は必ずしも戦力にはならない、にもかかわらずそれらの人をもかかえて仕事をしていかなければならないということを、あらかじめ覚悟しておく必要があると思います。そうでないと、実際にそういう場合に直面したときに、ついつい愚痴が出て、経営の意欲が鈍るといったことにもなりかねません。

聞くところによりますと、親鸞聖人《しんらんしょうにん》でさえ自分の息子にずいぶんと苦労されたということです。いろいろ問題は起こすし、あまつさえ、親父《おやじ》の教えは間違っている、といいふらしたりする。他のだれでもない、自分の長男がそういうことをするということは、親鸞聖人としてどれほどつらかったことでしょうか。しかし嘆きつつも結局、じっと辛抱をしておられたわけです。

ましてわれわれ凡人は、そういう人があれば気になって仕方がない。けれども、人を使うというときには、どうしても〝粒より〟ばかりというわけにはいかないと思うのです。

それは、われわれの体と同じようなものです。体は年中どこも健康というわけにはいきません。現実には胃が弱いとか、血圧が高いとか、どこか具合の悪いところをかかえている場合が多い。それが一時的なものですぐ治れば、それにこしたことはありませんが、簡単に治らないというときには、無理をしないで、病気が悪化したり再発したりしないように、気を配りながらやっていくほかはありません。

仕事をやり、人を使っていく上でも、そのように絶えず何か問題を起こす人がいて、ある程度の負担というか、多少足を引っ張られることは、最初から覚悟してかかることが大事だと思います。

そういう覚悟に立った上で、あとはやはり、こうしたらいい、ということを身をもって示すことです。だれよりも早く起き、だれよりも遅くまで働く。やはり経営者自身が身をもって示すことが第一です。ああすればこうなるとか、こうすれば社員はどう動くかといった意図的なことに神経を使うよりも、まず自分が一心不乱にやることです。

一心不乱にやる。そうすると、まわりもただ見てばかりはいないものです。一心不乱というほんとうに真剣な姿を見ていると、そこには必ず教えられるもの、心を動かされるものが出てきて、まわりの人々は、いちいち言わなくても手伝うし、働くようになる。私は、小企業の経験も、中企業、大企業の経験もしてきましたが、主人公の率先垂範が第一ということは、まったく企業の大小を問わず、共通にいえることだと思います。

その表現の仕方は、それぞれの企業に応じておのずと違いはあっても、経営者は自分の責任を厳しく自覚し、一心不乱に仕事をしなければならない。なにも意をたくましくする必要はない。真実をさらけ出すことでいい。人はその姿を見て反応するのだ。そう私は思います。

作為的な人材育成は成功しない

経営者に、仕事そのものに対する自信と力がいくらあっても、人の使い方、育て方が下手であれば、結局はうまくいかないと思います。自分一人で何でもやれるわけではないのですから、どうしても立派に人が育っていくような配慮を経営者はしていかなければいけません。それが上手か下手か、適切であるかどうかで勝負はあらかた決まるといってもよいのではないでしょうか。

そういうことは、だれでも知っています。そしてまた、その必要性を感じています。けれども具体的にどうするかとなると、実はこれほどむずかしいことはないともいえます。資本をつくるよりも、人を育てることのほうがはるかにむずかしいのではないでしょうか。

私は、自分なりの体験から人を使っていくということについては、そう作為的に考えてはいけないと思っています。やはり、自然のままがいちばんいい。腹が立つときは腹を立てる。叱《しか》るときは叱る。ごく自然の姿がいいと思います。

しかし、それだけでうまくいくかというと、そうではないと思います。そこで基本的に重要なのは、経営に対する経営者自身の使命感といったものです。そういうものがなかったら、人を育てようと思っても人は育ちません。

経営者にこの店なり会社をこういう目的のために経営していくのだという使命感があって、その使命感にもとづいてものを言うということが人を育てる源泉になるのではないかと思います。人間というものは、やはり、自分のやっていることの意義なり価値をよく知ったときに、ほんとうにそれに打ちこむことができ、他人にも好ましい影響を与えることができるのだと思うのです。

そういうものがあれば、つぎは具体的な人の使い方になってきます。そこでは、それぞれの人がもつ特色を見出して、これを生かしていくという配慮がやはりいちばん大切でしょう。十人の人がいれば十人ともみな違うそれなりの特色をもっています。その特色を見出し、生かしていくようにするということです。

私が今日あるのは、そういうところに多少長じていたからではないかとも思います。私の場合、はたから見たら「あの男はあまり優秀ではない」と言われるような人であっても、〝なかなかいいところがあるではないか、偉い男だな〟と感心することが、何度もありました。「あの男は、文句ばかり言っていて困るんだ」と言われていた人が、縁あって私の会社へ入るとけっこうがんばる。よそでは欠点だとされていたことが、うちでは長所になる。それは、短所は気にせず、長所だけ、特色だけ見て使うということがあったからだと思います。

これはそうむずかしいことではないと思います。しかし、そのことによって、人が育つか育たないかということが決まる一面があるわけです。

また私の場合、かりに性格的には合わないということがあったとしても、それを仕事にはもちこまないよう心がけてきました。たとえ合わない人でも、あの男は仕事がよくできるからというようなことで大いに用いていく。こと仕事についてはきわめて公明正大だったと思います。そういうところにも、部下の信頼を得る一つのポイントがあったのではないかと思うのです。

しかし、いずれにしても、私は、いつの場合でもきわめて真剣でした。失敗すれば血が出るわけで、毎日毎日必死で仕事をしていましたから、ほめるのも叱るのもとにかく真剣で、自分というものをそのまさらけ出していました。自分というものを化粧せずに、部下とじかに接してきたということがいえると思います。そうすることで私という人間がどういうものであるかということを、部下の人がつかみやすかったでしょうし、そういう過程を通じて、多くの人が私を助けてやろうという気にもなってくれたのではないかという気がしています。

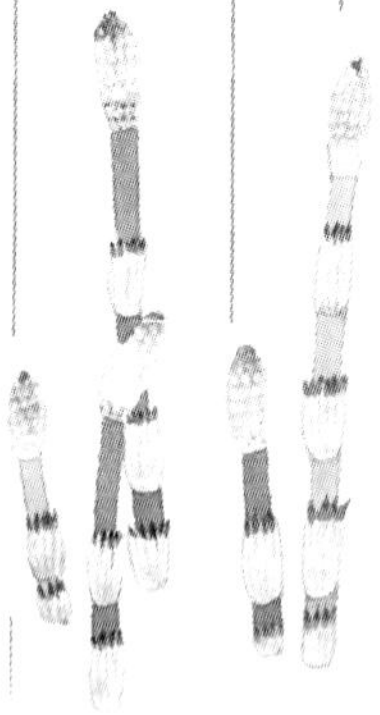

〝錦の御旗〟をもつ

以前、アメリカのある大学の学長さんからつぎのような話を聞きました。それはその方が、過去アメリカで成功した会社で、二代目でうまくいかなくなった七十五社を例にとって調べてみたところ、その原因がすべて人材の問題だったというのです。

それはどういうことかといいますと、初代が興した会社がだんだん発展してきたかげには、その発展を支えてきた功労者が何人もいるわけです。それはそれで大いに結構なのですが、しかし時代は刻々に変わっています。ですから、過去の功労者で、相当の地位にいる人の中には、適性を欠くようになっている人が少なくないというのです。その場合、二代目の人がそういった人たちを辞めさせることができず、そのままにしていた、それで会社が倒れてしまった、ということが、七十五社全部について例外なしにいえたというのです。

もちろんそれ以外のことが原因で倒れた会社もほかにたくさんあるかもしれませんが、その学長さんが調べた七十五の会社については、全部そういう姿が見られたのだそうです。

私はそれを聞いて、アメリカでもそうなのかと改めて驚いたのでしたが、義理、人情を大切にし、しかも終身雇用の傾向が強い日本では、そういうことはアメリカ以上に多いのではないかと思います。

先代のあとを継いで若い二代目が社長に就任するという場合、まわりの幹部はほとんどが年長でしかも功労者です。その中に適性を欠く人があったとしても、「辞めてください」ということはそう簡単には言えません。どうしてもそこに人情が働きます。それが普通の姿でしょう。

しかし、経営者としてそれでいいのか、といいますと、決していいとはいえないと思います。そういう姿のまま推移すれば、その会社が遠からずして行きづまることになりかねないのは、アメリカの場合と同様でしょう。

ですからいかに人情としてはしのびがたくても、経営者としては早急に手を打たなければならないと思います。つまり、過去の功労に対しては十分それに報いる配慮はしつつも、経営の重要な地位にはほんとうに適性ある人をあてるようにするということです。

そのためには勇気がいります。それを実行する力がいります。それは、どうすれば生まれてくるのでしょうか。

私はそれは、その人が会社というものを自分個人のものと見るか、従業員のものと見るか、あるいは社会のものであると見るか、その解釈いかんによって生まれてくるものではないかと思います。

つまり、もし会社を自分個人のものと考えますと、〝自分のために大きな功労のある人を勝手に辞めさせるわけにはいかない〟ということになりましょう。しかし、〝この会社は決して自分一人のものではない。小さいといえども先代からの伝統があり、その伝統を通じて従業員のために役立ち、社会のために役立っている。それを自分が預かっているのだ〃というような考えに立つならば、〃自分にはみんなのためにこの会社を発展させていく務めがある。その務めを果たすためにはやはり人情にとらわれず、経営の適性ある者がその衝に立つようにしなくてはいけないのだ。過去の功労にはまた別の方法で報いよう〃ということになってくると思います。そこに、言いにくいことでもあえて言うことができる勇気や力が湧《わ》いてくると思うのです。

それはいいかえますと、何が正しいかということを考え、自分はその正しいことにもとづいて行動するのだという信念に立つということです。いうなれば〃錦の御旗をもつ〃とでもいいましょうか。そういうことができたときに、初めてほんとうに強い勇気、力が湧いてくるのではないかと思うのです。

それは人事に限らず、また二代目、三代目といったことにかかわらず経営のあらゆる面にあてはまることではないでしょうか。

二代目は腹の底からの熱意で勝負

若い二代目の人が社長に就任するという場合には、先代が築いた地盤を受け継ぎ、年齢的にも経験の上でも開きが大きい幹部社員を使っていく、ということになりますから、そこにはそれなりのむずかしさが当然あると思います。しかし、遠慮ばかりしていては社長は務まりません。

そこでどうするか、ということですが、一つの行き方としては、まず「私はこう思っているのだが、どうでしょう」と先輩に相談をもちかけていくことだと思います。うるさいなというほどに相談をもちかけていけば、その人が本気で熱心に商売を考えているかぎり、その熱心さが必ず相手に伝わります。番頭さんにしてみれば〝どうも今まで、何も知らない若ぼんやと思っていたけれど、このごろはえらい熱心やな〟というようなものです。

そのことが信頼感を生むと思います。番頭さんは自分が主人になろうと思っているわけではありません。ですから、自分が番頭として一生懸命やっているのに、二代目の人があまり商売に関心がない、熱意がないということであれば、それを非常に不安に思うものです。そこで熱心に教えてくれというふうに寄っていくならば、番頭さんは安心して、〝よし大いに力になろう〟という気にもなると思うのです。

番頭さんだけではありません。そういう熱意にあふれた姿に対しては、社員全体が頼もしさを感じて、自然と助けてくれるようになります。それが人情というものではないかと思います。

ただ、何といいましても、熱意というものは、人から教えてもらって出てくるというものではありません。それはやはり、自分の腹の底から生まれてくるものでなければなりません。そういうものがなかったら、どんなに頭がよくても、口でうまいことを言っても、小手先だけになってしまって、人の信頼も協力も得られないでしょう。

ですから、そのような腹の底からの熱意をもち得るかどうか、それが二代目社長としての勝負の一つの分かれ目である、という気がします。

商売で損をすることは本来あり得ない

私は、ずいぶん長いあいだ、数多くのいわゆる下請け工場に協力をしてもらってきました。ですからたくさんの工場を知っていますが、その経営者はみなそれぞれ持ち味が違います。けれども、黒字の経営をして成果をあげている工場の経営者には、何か共通したものがあったように思います。それらの経営者の方々は、みなある種の強さというものをもっておられたような気がするのです。

たとえば、こちらがお得意先のご要望に応じて、従来以上に安くてよい商品をつくろうというようなことから、仕入れている品物の値下げをお願いした場合でも、そのような経営者は「それでは大将、うちが損しますわ」というようなことは決して言いません。「なるほど、その値段に私もしたいと思います。努力しましょう。きっとその値にしましょう。しかし、それには三月《みつき》待ってください。その間ひたすらに努力して、なんとかあなたが満足するようにいたします。できないことがあるもんですか」といった言葉が返ってきます。

実は、私自身も、事業を始めてまもないころ、下請けの仕事を一部やりましたが、同じようにやってきました。

「大将、それでは損しますよって、なんとか頼みますわ」などと言ったことはありません。「そうですか。五円にせないけませんか」「五円にしてもらわんことには引きあわんのや」「そうですか。やり方によっては五円でできましょう。四円五十銭でもできるように思います。きっとそうしたいと思います」と言うと相手は喜びます。そこで「きっとそうしますから、しばらくのあいだ待ってください」ということで一生懸命努めたものでした。

もちろんそうはいいましても、お得意先からの値下げの要求がむちゃなものであればどうにもなりませんが、社会の要請に従った必要なコストダウンについては、〝これは何としてでもやり遂げよう〟ということで一心に取り組んだのです。

そういうことができるためには、やはり自分が、商売する以上は損をしてはいけないし、また本来損することはあり得ない、という信念をもっていることが必要だと思います。ときには損をしても仕方がないという気持ちが少しでもありますと、どうしても弱くなって、途中で挫折《ざせつ》してしまうようなことにもなってしまいます。発展する企業とそうでない企業の違いは、一つにはそのような経営者の基本の考え方の違いにあるといえるのではないでしょうか。

商売、経営では、ときに損をすることもあり得るなどと考えることは、弱き者が、みずからを慰安する姿であり、ほんとうに責任をもって一歩を踏み出せば必ずそれだけの利益があがらなくてはならない、商売、経営とは本来そういうものだ、と考えることが、経営者にとっての出発点でなければならないと思うのですが、いかがでしょうか。

好況よし　不況さらによし

私は、商売に取り組む基本の心がまえの一つとして〝商人には好、不況はないものと思え〟ということを自分に言いきかせつつやってきました。

というのは、好況のときは、お客がどんどん買ってくれて品物が足りないくらいですから、問題はあまり出てきません。しかし、不況になれば、今度は買う人が、どこの店のどういうものがいいかということを吟味するようになります。そうすると、それまで勉強していた店ほどよく売れるということになります。店のサービスのよさとか、店員の応対のよさとか、商品のよさが改めて目立ってきて、お客の方から買いに来てくれるということにもなります。したがって、むしろ不況のほうがかえって忙しいということにもなるわけです。

それは一つの真理だと思います。そのことを日ごろから十分心得ておかなければならないと思うのです。心得ていれば、景気がよくて忙しいときにこそ、勉強するようになります。

景気がよくて忙しいとなると、ついサービスを怠りがちです。たとえば配達することもせずに、「取りに来てくれ」というようなことになりやすいもので、ついついめんどうなことを避けてしまいがちです。

しかしそれではいざというときの用意を怠っているということにほか

なりませんし、不景気になったときに慌てることになってしまいます。

商売というものはきょう一日だけのことではありません。早くいえば一生、暖簾《のれん》によっては代々続けるのですから、やはり、常日ごろがものをいいます。好況だ不況だといってそのつどオロオロするようでは、ほんとうの商売にはなっていないということです。そのようなことから私は、好、不況はないものと考えよ、と自分に言いきかせつつやってきたわけです。

そういう考え方に立っていれば、私は、どんなに不景気のときにも、進出していく道はあるものだと思います。むしろ不景気のときのほうが面白いとさえいえます。気を引き締めて真剣になるから、道もみつかりやすいわけです。

私は、十年も続けて順調に伸びている会社があるとしたら、そのほうが危険だと思います。十年もうまくいったら、どこかに必ずゆるみが出てくる。そうでない会社もあるでしょうが、それはよほど指導者が油断をせずに、勝ってカブトの緒を締めさせているところでしょう。しかし、そういうところはせいぜい十社に一社ぐらいで、あとの九社は、社長をはじめ、皆の心がゆるんでしまうと思います。

これは、一面無理のないことです。どんな人でも毎日おいしいものを食べていると、そのありがたみが分からなくなる。それと一緒で、うまくいっているとどうしても安易になる。人間の弱いところです。

そこへパッと不景気が来ればガタンとなる。ですから、三年に一ぺんぐらいちょっとした不景気が来る、十年に一ぺんぐらい大きな不景気が来る、ということは、かえって身のためだともいえるのではないでしょうか。

しかし、要は好、不況にかかわらず、日ごろから、商売の本道をふまえ、一つひとつの仕事をキチンキチンと正しくやっていくよう努めること。そうすれば、好況よし、不況さらによし、ということになると思うのです。

中小企業は人を一〇〇パーセント以上生かす

人間の能力というものは、いつも固定したものではないと思います。その人がおかれた場所場所によって、十の能力の人が二十の働きをしてみたり、二十の力がある人が十の働きしかしなかったり、ということがあり得るものです。

ですから、人の配置というか、もっていき方というものが非常に大事だと思います。もっていき方一つで、その人の能力が大きく生きたり死んだりするわけです。

そういうところから大企業というものと、中小企業というものを考えてみますと、だいたいにおいて中小企業ほど能率がいいと思います。大企業ほど能率が悪く、人々を一〇〇パーセント生かして使っているというところは少ないようです。中小企業でもいろいろありますからいちがいにはいえませんが、大別してそういうことがいえると思うのです。

大会社では、非常に立派な素質のある人をかかえておりながら、それらの人々の能力を殺して使っている面があります。それは、そうならざるを得ないような仕組みになっているからだと思います。

日本人の国民感情というものは、組織が大きくなるほど極端に能率があげにくい状態になってきます。なかでもいちばん能率のあがらないのはお役所ではないでしょうか。お役所の人は働かないのでなく、働けないのでしょう。のびのびと働けないような情勢がモヤモヤとそこに渦まいていて、いわゆる事なかれ主義というような傾向になりやすいのだと思います。

大企業もそういう面をもっています。企業が大きくなればなるほど、いわゆるお役所気分というものが強くなってきます。

ところが、中小企業はそういうことをしていては、会社がやっていけません。ですからどうしてもいやおうなしに働かなくてはならないということがあります。

また従業員が二十人とか五十人ということであれば、お互いの気心や動きがよく分かって、打てば響くすばやい動きができやすいということもあります。

そういうことから、私は中小企業ほど人がその能力を十分発揮しつつ働きやすいところはないし、また実際よく働いていると思うのです。

世間ではとかく中小企業は弱いといいます。けれども、大企業が個々の人の力を七〇パーセントぐらいしか生かすことができなくても、中小企業は一〇〇パーセント、やり方によっては一二〇パーセントも生かすことができるわけです。

そういうところに、中小企業の一つの大きな強みがあるように思います。その強みを中小企業は積極的に生かしていくということが、きわめて大切ではないでしょうか。

また一方、大企業においては、組織なり制度なりの上で、いわゆる専門細分化をはかるなどして、一人ひとりの社員がそのもてる力を十分発揮できるような環境づくりを、絶えず心がけていく必要があると思うのです。

任せて任せず

「好きこそものの上手なれ」という言葉がありますが、人に仕事を任せるという場合、原則としては、こういう仕事をやりたいと思っている人にその仕事を任せる、ということがいいのではないかと思います。そういうようにもっていったほうが、やはり結果がいい場合が多いような気がします。

といっても、その人が、その立場を利用して何か自分のタメにするといったように、自分の都合中心で考えているのであれば、どんなに強く「やりたい」ということを言ってきても、「ああそうか」と言うわけにはいきません。しかし、そうではなくて、この仕事が自分はいちばん好きだからやってみたいというのであれば、そうさせたほうがうまくいくことが多いと思うのです。

もちろん、任せてみたところ、その人の欠点が出るということもあります。その欠点については、やはり経営者が直してやるようにしなければならないと思います。直しても直らないようであれば、その人を替えるというところまでやらなければなりません。

これはいいかえますと、〝任せて任せず〟ということになると思います。任せて任せずというのは、文字どおり〝任せた〟のであって、ほうり出したのではないということです。

経営者というものは、どんな場合でも、最後の責任は自分のところにあるという自覚をもっていなければならないと思いますが、そのように腹をくくっていますと、仕事を任せた場合、どういうようにやっているかいつも気になっているというのがほんとうのところでしょう。任せてはいるけれども、絶えず頭の中で気になっている。そこでときに報告を求め、問題がある場合には、適切な助言や、指示をしていく。それが経営者のあるべき姿だと思います。

もちろん、任せた以上はあまり細かな口出しはすべきでありませんし、ある程度は大目に見ていくということがその人を育てることになると思います。しかしもし脱線してしまうようなときには、はっきり注意をしなければなりません。その注意を怠るということは、自分がこの人ならうまくやるだろうということを前提として選んだ人を、みずから捨て去ってしまうのと一緒です。経営者としては、きわめて無責任といわなければならないと思います。

一方、任せられた方の人も、そのへんのことがよく分かった人は、報告すべきことはキチンと報告してきます。しかしなかには〝任せられたのだから、わしは勝手にやるんだ〟ということで報告もせず事を進め、脱線してしまう人もあるでしょう。そういう場合は、そもそもその人に任せたのが間違いで、人を替えなければならないということになります。

経営は、何といっても人次第ですから、そういう点については、まあまあなどといってはおられません。使う方も、使われる方も、いつも真剣でなければなりません。特に経営者としては、そういう真剣な目で、適材を適所に使っているかという一点を、いつも厳しく見守っていくことが大切だと思います。

抜擢人事には介添えが必要

日本においては、抜擢《ばってき》人事というものはなかなかしにくいものです。やはり長年の慣行もあって、だいたいは年功序列でいく場合が多く、私の場合も、特にとりたてて抜擢を多くしたということはありません。

しかし、ときには、ある人を抜擢してその実力を生かさなければならない、ということもあります。そうしたときには、やはりそれなりの配慮が必要だと思います。

たとえば、ある人を抜擢して課長にするという場合には、その課にその人が世話になった先輩が多くいるにもかかわらず、その先輩たちを追いぬいて課長の役目を与えるといったことになります。そういう場合には、単にその新任の課長に辞令を渡して、今度A君が課長になったと発表するだけではやはり具合が悪いと思います。私が自分で采《さい》配《はい》をふるっていたときには、そんな場合には、はっきりけじめをつけさせるようにしていました。それはつまり、その課のいちばん古い先輩に、課員を代表してその新任課長に宣誓をさせるわけです。

A君が課長の辞令をもらう。そうするとA君は「きょうから課長を命じられました。皆さんよろしく頼みます」とあいさつをする。そのときに、課員のいちばん先輩の人が立って、全課員を代表して課長に祝辞を言い、「われわれは課長の命に従ってがんばることを誓います」ということをやらせます。そうすると、その瞬間から、パッと課長の格式が変わってくるのです。

それは見方によっては、意地の悪いやり方という感じがするかもしれません。しかしそういうことを厳重にやりませんと、へんなところにわだかまりがくすぶり、課長も遠慮するというようなことがまま起こります。それでは課全体が困りますし、会社も困ることになります。ですから、そういう宣誓をさせる。そうすると、その瞬間に全部が切り替わるわけです。

若い人を抜擢する場合には、ただポストだけ与えて、「しっかりがんばりなさい」と言うだけではなく、そのようにちゃんと介添えをしてやらなければいけません。これは非常に大事なことで、社長がそういうことに気がつかないようでは、会社はうまく動かないと思います。

ただ、そのような抜擢人事をする場合、社長たるものは、私情に駆られてはいけないということがあります。好き嫌いでそういう人事をしてはいけない。やはり、その仕事に役立つ人かどうかということで見ないといけません。それが基本です。仕事はできるけれどもあいつは虫が好かん、ということではいけませんし、仕事はもうひとつだけれど自分の好きなタイプだから課長にしよう、というようなことでもいけません。その点のけじめをはっきりして、かりに虫が好かないと思っても、仕事のためには、この男がいなかったらこの仕事はできないという気持ちで頭を下げる。経営者というものはそこまで徹しなければいけないと思います。

そういう姿勢が、抜擢人事の根底には必要で、そういう私情にとらわれない態度があってこそ、その人事に他の社員も納得し、協力することになるのだと思います。

〝カン〟で分かるか

カンというと、特に若い人たちにはそんな非科学的な、という人が多いと思います。しかし、いろいろなことを科学的に決めていっても、最後にやはり、その上にカンが働いていなかったらいけないのではないかという感じがします。

以前、私が会長時代にこんなことがありました。

それは、あるとき思い立って調べてみると、本社が地方の営業所なり事業所から報告書をとっているのです。毎日とるものもあれば月一回のものもあるわけですが、それが、なんと二百四十種類もあって驚いたのです。

そこで私は「なぜこんなに報告書がいるのか。だれがこれを読むのか。つくる人も読む人もたいへんだし、それが実用に供されるのかというと、そうも思えない。だから、あした会社がつぶれると困るから、あしたつぶれるということに関係のあるものだけは残すけれども、それ以外は全部やめてしまってはどうか」ということを言ったのです。そうすると四十二に減りました。

そういう中でいちばん顕著な例が電子計算機でした。当時、電子計算機を使って、その日の売上げが翌日の朝ピシッと出るようになっていました。きわめて正確な数字です。そこで「君、これ費用が何ぼいるのか」と言うと、「月に三百六十万円いる」とのことでした。

そこで私は「これはムダやな」と言ったのです。それはもちろん便利です。しかし、きのうの売上げが、きょうの朝ピシッと出てきて、それによってつぎに何をなすべきかということをするときにのみ、これは役に立つ。しかし実際には、それを集めただけで、何もしていないではないか。うちの商売というものは、そんなことをしなくても、五日に一ぺん報告があったらだいたいにおいて分かるし、毎日する仕事だったら、どのぐらい売れているかということはカンで分かる。カンで分からないようなことではもうあかん、というわけで、それをやめさせたのです。

当時の松下電器では、九〇パーセントまで経験によるカンで仕事ができる、その上に一〇パーセントというものを科学的にのせたらいい、という状況だったと思います。今では科学的な要素がもっと高まっていますが、要はカンでいいときと、カンではなく科学的なものでないといけないときがあるわけです。しかし、カンが必要ないということには決してならないと思います。

どんな科学者でも、カンの働かない科学者はダメだといいます。偉大な発明をしたエジソンのような人でも、その発明は、ふっと浮かぶひらめき、カンによっています。そのひらめきによって、よりよい科学というものをつくりあげているわけです。

そういう意味においても、カンと科学というものは、やはり車の両輪だと思います。カンにかたよってもいけないし、一方、数字とか科学にかたよってもいけない。その二つを常に両輪のように使っていく必要があるという感じがするのです。

会議はおおむね非能率

以前、アメリカの会議について話を聞いたことがありますが、向こうの会議はきわめて簡単だそうです。ときには長くかかる場合もあるのでしょうが、たとえば、技術なら技術について会議を開くと、まず技師長が「今度こういうようなものをこうやるのだ」と説明する。そして五人なり十人なり、そこに集まっている技術者に「何か意見があるか」ときくと、たいていの場合、意見はない。そこで「ではこのとおり決定する、閉会」ということでみなオーケーになるというのです。

というのは、向こうでは、自分の案を説明して意見が出、それによって内容を変えなくてはならないような技師長だったら、すぐクビになってしまう。みんなの意見を聞いて変更しなければならないような計画を立てていたのでは技師長は務まらない。それほど技師長にエキスパートを集めているというのです。

社長についてもまた然《しか》りで、社長が「こうしてこうやるのだ。どうだ諸君の意見は」「賛成」それで決まり、というわけです。それは社長の威厳におもねる意味で賛成というのではありません。それほどの実力をもった社長でなかったら、社長がクビになるというのです。

相当前に聞いた話ですので、現在のアメリカでもそうなのかどうか、興味のあるところですが、そういう技師長や社長が主催する会議であれば、これはきわめて能率がよいでしょう。

ところが、社長が実際の仕事についてはあまり知らず、「どうだ君、やれると思うのだがどうだ」というようなことを言っていますと、甲論乙駁《おつばく》、議論百出となって、三日ぐらいもかかることになりかねません。それはいささか極端ですが、日本での会議というものには、概してそのような傾向が強いのではないでしょうか。それでは何かにつけてテンポの速い今日の世の中では、結論が出たときにはもう状況が変わっているということにもなりかねません。

ですから、会議だからといって、会議室に集まり椅子《いす》に座ってするというのではなく、立ち話で会議をして即決する。しかもそれでも事態は刻々に変わりつつあるから、その立ち話の会議を状況の変化に応じて何回かくり返す。それぐらいの心がまえが必要だと思います。

もちろん、事が決まっていても、会議に付して衆議をまとめねばならない場合もありますし、実際に衆知を集めるために一ぺんみんなに意見をきいてみようということもあります。そのように会議にもときによって千差万別、いろいろありますから、いちがいにはいえませんが、私は会議というものについては一面そういう認識をもつことも大切なことだと思うのです。

先に買う人は進歩への貢献者

何の商品でもそうでしょうが、特に電気器具を買ってくださるお客さんの中には、よく「あとから買った人は非常にいいものが手に入るから、先に買った人は損だ」と言われる方があります。「新しい製品にはついていているものが前のにはなくて、あとから買ってつけた。先に買うと困る」というような不満をお聞きすることがよくあるわけです。

これは実際そのとおりなのですが、こういうことは永遠に続くと思います。商品をつくる方は、もちろんきょう現在はそれが最善だと思って出すのですが、日進月歩の世の中ですから、日とともに次々に新しいアイデアが生まれてきます。進歩の速い業界の商品には、絶えずそういうことがあります。

しかし、これについては、電気製品に限らず、お互い商売をする者は、はっきりした信念をもっていなければならないと思います。商売をする人自身が、初めに買う人は損で、あとから買う人のほうが得だとばかり考えていたのでは、商売ができなくなってしまいます。

あるときも、会合でこういう質問がありました。「テレビを初めのころに買って損した。十二万円もしたのを買ったのだが、最近半値になっている。こんなバカなことはない。もう電気器具はうっかり買えん。次々といいものが安くなっていくから困る」と言うのです。

それで私は、こう答えました。

「なるほどそのとおりです。しかしあなたのような人がいなかったら、テレビは進歩、発展しないのです。あなたが十二万円のときにお買いくださったから今日六万円でできるようになったのです。ですからあなたは六万円損したように思われるでしょうが、そうではなく非常に多くの人に貢献しておられるのです。同時にあなたはだれよりも早くテレビを見ておられる。いちばん早くテレビのよさを味わっておられる。結局あなたがいちばん偉いんだというように考えていただかないと困ります。皆が『来年買おう』と言っていたら、テレビは一つも売れないようになり、値段は永遠に十二万円です。これは何ごとによらずそうではないでしょうか」

「いや、なるほどうまいこと言うな。やっぱり早く買うほうが得やな。早く買う人が偉いんやな」と言ってみんなで大笑いになりましたが、どの仕事でも最初に買う人がいなかったら進歩しないと思います。

「自動車でも、初めにできたものは、そうよくはなかったが、それまでなかったものができたということでそれを買った。一年するとその三倍いいものができた。しかし損をしたと思ってはいけない。〝最初、おれが金を投じて買ったから、自動車が多くの人に行きわたるようになった。おれは貢献者だ、同時に自分はいちばん早くその便益を得たのだから、得をした〟と考えてもらわないといけない。みんながそういう考えにならないと、世の中は発展しないと思います」という話をしたのですが、これは実際そのとおりなのではないでしょうか。

値切って信頼されてこそほんとうの仕入れ

〝利は元にあり〟といわれますが、仕入れというものは事業の成否を左右するほどの大きな役割をもっています。それだけに仕入れにあたる人のあり方が非常に大切なわけですが、仕入係というものは、仕入先がその注文、指示を受けて活気充満し、「この商売はなかなか面白い。安くてしかもよく儲《もう》かるものだな」ということで、経営意欲がどんどん盛り上がるような仕事をしていかなければならないと思います。

そのためには、仕入先に対して、品物が安くできる具体的方法を教えてあげることができればいちばんいいのでしょうが、お互いに神様ではないのですから、何もかも分かるというわけにはいきません。そこで「これでは高い。高くないのかもしれないが、とにかくこのままでは競争に負ける。だから勉強してほしい。君の方の利益をさいてくれとは言わない。適切な方法をみつけてほしい。やり方次第では、安くして、しかも君の方もこれまで以上に利益があがるという方法を生み出すことも可能だと思う」というような要望をする。そういうことを一年続けるならば、そこに画期的な成果も生まれてくると思います。

というのは、そういう要望を絶えず受けていますと、仕入先の人の頭がどんどん進んで、「今まで一人で百個つくっていたものが二百個つくれるようになった。それも、今まで一生懸命汗みどろだったのが、じっとタバコを吸っていて二百個できる機械を考え出せた。品質も統一され、倍できて、利益はこれだけあるから、これだけ安くしましょう」ということにもなってくるわけです。

そういう要望をするのでなく、初めから、ただ「まけろ、まけろ」と言うだけでは、「あの仕入係は顔見たら値切りよる。もうかなわんな。どこか他の係へ変わってくれたらいいのにな」というようなことになってしまいます。

人間というものは妙なもので、商売で値切り方が下手だとバカにされます。「甘いな」というようなものです。百円のものを百五円で買ってもらい、儲けさせてもらって、しかも買ってくれた人を尊敬しないで笑っているということがあるわけです。

しかし、「百円のものを九十五円に値切られて五円損した。けれどもあの人の言うことを聞いていると、なるほど、われわれのものの考え方を変えなければいけないな、という気になる。値切られたことはつらいけれど、非常に勉強になった。これはなかなかの人だ」と喜んで帰って、学んだことを、みずからの経営に加えることもあります。

やはり、真実をうがった交渉の仕方をして、「こうだから君こうしてくれないか」と言うと、「あの人の言うことはもっともだ。きついことを言われるけれど、なかなか偉い人だ」と尊敬され、信頼されることになる。仕入係というものは、そのように安く買って尊敬されるというものの考え方、技能を会得しなくてはならないと思います。そしてそういう仕入れのできる人がいる会社は、力強い発展をしていくことになると思うのです。

社長は軍師ではない

経営者の決断というものは、きわめて重要なものです。その決断いかんが、ときには企業の存亡にかかわるということで、その責任の重さ、つらさはたいへんなものです。しかし、そういう責任を問われる立場に立つということは、一面では人間としての生きがいでもあると思います。

その決断の基準をどこにおくか、ということですが、普通の場合は、手堅くやるというのが常道でしょう。しかし、手堅さ一本でいいかというと、それだけでは対処しきれない場合があります。時代が急変する場合には、これに応じて思い切った手も打たなければいけません。手堅くていい場合と、急変に遅れないよう思い切った手を打たなければいけない場合と、その限界の判定が、経営者の判断であり、決断ということでしょう。

その場合大切なのは、やはり、真実を見るということだと思います。そしてそのためには、個人の欲をもってものを見てはいけない。何ものにもとらわれず心を空にしてものを見るという、いわゆる素直な心が必要です。名誉にとらわれたり、世間の評判にとらわれたりしない。そういうものにとらわれないで、笑わば笑え、自分は正しい道を行くんだ、という気持ちになる。そういうとらわれのない素直な心になれば、物事の実相、真実の姿が見えてくるものだと思います。

ただ、そうはいっても、実際の決断にあたっては、心を乱すいろいろな〝雑音〟が入ってきます。

もちろん、その雑音も聞かなければいけません。これを全部遮蔽《しゃへい》してしまうと独断になります。ですから、聞くことは聞くけれども、それにとらわれないようにしなければなりません。

雑音の中には、善意のものもあります。社員の人が、会社のためと思って進言してくれる。それがときには間違っていることもあります。その場合、それは間違っていると見抜けるだけのものを経営者はもっていなければなりません。いうなれば雑音の聞き分けです。これができないと具合が悪い。経営者は、雑音も聞きながら、それを聞き分けることで正しい決断が下せるわけです。

会社、商店における社長、つまり大将というものは軍師とは違います。軍師はこういう戦法をとったらいい、ということを進言します。しかし、その進言を採用するかしないかを決めるのは、大将の仕事です。極端にいえば大将のすることは決定だけです。

十人の軍師がいれば、十人の意見が一致することもあるでしょうし、意見が三つに割れることもあるでしょう。そのどれをとるかの決定権は大将がもっています。ですから、決定をしない大将は愚将であって、愚将では戦《いくさ》は負けです。

結局大事なことは、大将が決断を下すことで、あとはその決断の下に全員が足並みをそろえること。そこまでくれば、あとは大将の統率力の問題で、統率力はすべて大将の識見いかんということになると思います。この大将が決めたことであれば間違いない、ついていこう、となるもならぬも、大将の識見次第ということになるのではないでしょうか。

経営力がどれだけ向上しているか

碁や将棋には、初段であるとか二段であるとかのいわゆる段位制がありますが、経営者についても、だれそれさんは三段の経営者だ、だれそれさんは五段の経営者だということを的確にいってくれる人がありますと非常に面白いと思います。「自分は三段だと思っていたのに二段か。これは勉強しなくては……」ということになりますし、「私はどういうところで三段になれないのですか」「あなたはこういうところがちょっといけない。こういうようであれば三段になる」というようなことにもなって、きわめて好都合です。

しかし、幸か不幸か、経営というものには、碁、将棋のむずかしさとはまた違った複雑なものがあって、そういうことはだれも的確にはいえません。結局、経営者として三段であるのか二段であるのかということは、自分で判断するより仕方がないわけです。

ところがその自己判断がなかなかむずかしい。人間というのは他人のことは評価できても、自分のことは案外分かりにくいものです。しかし、むずかしいけれども、それを的確に行うということが、きわめて大切だと思います。特に企業が発展していく過程においては、経営者が、みずからの経営力の程度を的確につかんでいないと、そこから問題が生ずるということが往々にしてあるように思います。私は、松下電器が大きくなる過程で、そういうことを直接間接に少なからず体験してきました。

たとえば、松下電器の発展とともに、何百軒かの取引先が、多少の違いはありますがみな大きくなってきました。ただ、その過程では、最初はうまくいって大きくなったけれども、さらに大きくするために五十人の従業員を百人にした、その結果だんだん経営が悪くなってきた、というようなところも出てきたのです。

そこで、それはどうしてなのかと、それらの取引先の経営ぶりをよく見てみますと、結局そこの経営者、首脳者が進歩していない、経営力が向上していないということなのです。そのために人を倍に増やしたことによって、かえって全体としての力が落ちてしまった、それで行きづまっているというケースが、ときにあったのです。

そういうことからも私は、経営者というものは、自分自身なり経営幹部の力が総合してどの程度あるのか、いわば会社の経営力に何段の実力があるのかということを、絶えずつかんでいなければならないと思うのです。

会社が幸いにしてだんだん大きくなってきた。しかし、やるべきことはまだまだたくさんある。だから、こういう仕事もやったらよかろう、またやるべきだ、と自分でも考えます。また社員からもどんどん進言があります。そういう場合に、会社にその仕事をやっていくだけの経営力があるのかどうか。そこまで経営者の力量が高まっているのかどうか。その点をよく検討して、もしそれだけの力がないと思えば、どんなに社会のためになることでもやらないようにする。これまで五十人の人を使いうまくやってきたのだから、百人にすればさらに大きな成果をあげることができるだろう、と考えがちなのが人情ですが、それだけに、実際に行きづまってはじめて経営力の不足に気づいたといったことにならないよう十分心したいと思うのです。

時代をつくっていく経営をしたい

時々刻々、非常に変化が激しい今日の世の中においては、何年も同じことをやっている会社は落伍《らくご》してしまいます。ですから、その刻々に変わっていく時代についていくというのが、今日における一つの経営法だと思います。また、そこからさらに一歩進んで企業が時代に先がけて、新しい時代をつくっていくという経営法もあると思います。そのどちらかをやらなければいけません。そうでないと、たとえ生き残ることはできても、発展は望めないのではないでしょうか。

そしてその二つのうち、今はやはり時代をつくっていくということがより大事だと思います。

八〇年代を迎えて、未来学者といわれる人たちがいろいろな予測をしていますが、未来学者といわゆる経世家とは立場が違います。未来学者は過去なり現在なりを分析して、それによって将来はこうなるだろうという予測をします。しかし経世家というものは、人間の幸福のために将来はこういう世の中をつくろうということを考えます。そこに経世家の未来学と学者の未来学の違いがあります。

そして、今日の経営者は経世家でなければならないと思うのです。

つまり、経営者が日々熱心に仕事をしていれば、みずからの商売なり経営について〝こうやってみたい、こうありたい〟といった希望なり理想があるはずです。それを社員に訴え、その実現にともに努めていくということを大いにやるべきだと思います。

もちろん、一年先あるいは三年先には、世の中はこうなるだろうということを察知するいわゆる先見性というものは、経営者にとって欠くことのできないものです。しかし最近のように変化の激しい社会では、こうなるだろうと思ったことが必ずしもそうなるとは限りません。そこで、そのような先見性をもつことに加えて、みずからこうしようというものをもって、その実現をはかっていくことが必要だと思うのです。

私自身も、これまでかなり熱心に仕事をしてきましたので、その時時において自然に先のことを考えていましたが、同時にそこに自分のこうありたいという希望をつけて、時に応じて発表してきました。松下電器がここまで発展してきたのは、一つには、そのようにして社員に訴えたことが、幸いにしてうまく実現したからだということができると思います。

ただ、〝こうやってみたい、やれるはずだ〟という考えにあまりとらわれると、かえって失敗します。ですから、常に素直な心で謙虚に物事を見つつ、一歩一歩確実にやっていくことが大切なのはいうまでもありませんが、その上で、やはり、みずから時代をつくっていこうという積極的な姿勢が、今日のような激動の時代には、きわめて大切なのではないでしょうか。

経営も〝腹八分目〟が大事

最近は、銀行から金を借りますと、両建て預金を、というようなことがいわれます。それについては、政府なり日銀なりが行きすぎだと反対して一時話題になりましたが、私は今から五十年以上も前に、銀行にいわれなくても自分でそれをやっていました。

それはどういうことかといいますと、銀行から金を借りるときに、一万円借りたらいいなという場合でも、あらかじめ多めに二万円借りるのです。そして余分の一万円をそのまま定期預金にしておくようにしたのです。そうしますとこれは両建て預金と一緒で、高い金利を払って借りた金を安い金利で預けておくわけですから損です。しかし私は、それを損だと思わずに、保険料だと考えていました。そうしておけば、必要なときにはいつでも引き出して使えますから、資金に余裕があります。そういうことを銀行から要求されてやったのではなく、自分の方からしたわけです。ですから銀行は、松下さんのやり方は堅い、といつも信用してくれました。

これはいうなれば、借金をするのにも余裕をもっていたということになると思いますが、私は昔から、そうした余裕をもった経営というものを心がけてきました。そのことを私は、自分なりにダム経営と名づけているのですが、この場合には、いざというときのために借金で資金のダムをつくっていたわけです。

もちろんダムが必要なのは、資金の面だけではありません。「人材のダム」「設備のダム」「在庫のダム」「技術のダム」というように、適正な経営をしていくためには、あらゆる面でゆとりをもつことが大切だと思います。つまり、何でもめいっぱいのやり方をするのは危険だということです。

したがって、ダム経営というのは、絶対に有利で得をするというものではありません。資金でも設備でもダムをつくっただけでは利は生まれませんし、めいっぱい使ったほうが得です。しかし、ダム経営をしていけば、だいたい堅実で失敗が少ないということがいえると思います。ですから、長いあいだ安定発展をしていこうと望む企業には、ダム経営は不可欠のことだと思うのです。

それは別のいい方をすれば、自己検討、自己評価というものをしっかりして、五十キロの重さのものを持つ力があっても、四十キロでやめておこうということです。五十キロ持てるからといって無理をすれば、つまずいて転ぶこともあります。しかし十キロの余力を残しておけば、そんな心配はまずありません。要するに腹八分目の経営です。たとえば百の設備をしても動かすのは八十で、あとの二十はとっておく。そうすると、いざというときの需要に十分こたえられます。これからの経営はすべてそのように腹八分目経営でしかも適正利潤が得られるということを考えてやらなければならないと思います。

もっとも、現実に百の需要があるという場合に、生産を八十に抑えるというのは消極的すぎる面もあります。ですから九十まではつくる。しかし百はつくらない。それでは売れ残る心配が大きいわけです。

大事なことは、百の需要を正確につかむこと。百二十の需要を百と判断してもいけませんし、八十の需要しかないものを百と判断しても失敗します。ということは結局は、ダム経営をしていても的確な判断が大切ということになるわけです。

経営の適格者が力を発揮できる社会にしていきたい

自由主義経済の社会に企業間の競争はつきものです。競争あればこそ、お互いが切磋琢磨《せっさたくま》し、進歩、発展も生まれてくるわけです。しかし、その競争は単に力がものをいう競争であってはならない。そこに力以上のものが働いていなければならないと思います。

その力以上のものとは何かといいますと、〝何が正しいか〟という一つの哲学というか理念というものです。そういうものがお互いの考え方の基本にあって、それをもって対抗し、競争するのでなければならないと思うのです。さもないと、この世の中は、単に力の強い者が勝つということになってしまいます。

もっとも、強い者が勝つことが、人々の繁栄につながるのであれば、それでいいわけです。しかし実際はそうではありません。強い者が勝つというような世の中を是認すれば、その力は往々にして暴力に変わります。それは過去の歴史が教えるところです。ですから、やはり〝何が正しいか〟ということを基本にすえていくことが大切だと思うのです。

それをもう少し具体的にいいますと、競争というものは、たとえ資本が少なくても、経営の適格者がそこで成功していくことができるというものでなければならないということです。もっとも、ひと口に適格者といっても、これには別に秤《はかり》やものさしがあってはかれるわけではありません。ですから、その判定はなかなかむずかしいと思います。しかし、一応は衆目の見るところ、商売にもある程度の良心をもってやっているし、努力もする、またある程度の創意もある、といったような、いくつかの基準をもって適格者を想定していくことはできると思います。そういう適格者が、それぞれの業界で生き残れるような競争をお互いに心がけていくことが、きわめて大切だと思うのです。

ところが、これが力のみによる競争に陥ったとなりますと、経営者の適否よりも資本の力、資本の暴力がものをいいます。資本力のない者はそれに対抗できず、経営の適格者まで落伍するようになってしまいます。それは社会にとって、人類にとって、好ましいことではありません。

ですから、いくら資金があるからといって、その力にばかり頼るのではいけない。やはりいろいろと創意工夫を凝らし、一方で紙一枚も節約するといった努力を重ねることによって原価を引き下げる。原価が引き下がったら売値を下げても儲かる。だから安くする。それが進歩というもので、そういう面でお互いが大いに競争するということでなければならないと思います。

そういう姿であれば、中小企業にも十分競争していける道がありま す。むしろ、経営に適格な人さえ得れば、中小企業のほうが好ましいともいえましょう。

どんな仕事、どんな事業でも適格性のある人が残り、そうでない人はほかに適性を求めて、そこで成功する。それが社会の進歩の姿であり、そういう社会が望ましいと思うのです。

求める心さえあれば衆知は集まる

事業の成否というものは、結局、その会社、商店の経営力いかんにかかっているといえましょうが、その経営力というものは、一つには、その会社、商店の全従業員の衆知が集まるかどうかによって決まってくると思います。社長が手八丁口八丁のすぐれた人だから経営力が強いということも、ある場合にはありましょうが、しかしそれが最高のものだとは思いません。むしろ、そういう姿を続けているとうまくいかなくなることが多いと思います。なぜそうなるのか、理論的には説明しにくいのですが、現実にはそういう姿が多いようです。それはいわば理外の理といったものでもありましょう。

私の場合、その衆知を生かした経営をしていこうということを、自分なりに終始一貫して考えてきました。そしてそれを社員にも呼びかけ訴えてきました。

「この会社は松下幸之助個人の経営でもなければ、だれの経営でもない。全員が集まって経営するということよりほかにないのだ。みんなの知恵で経営するのだ。衆知経営だ。そのことにわれわれが成功するかどうかによって、会社の将来が決まるのだ。だから、みんな一人ひとりが、みずから発意する経営者だ。そういうことを考えようではないか」

そういうことを、私は、あらゆる機会に社員に話してきたのです。もちろんそうした呼びかけをしても、〝それはそのとおりだ〟と素直に考えてそれに協力してくれる人もあれば、そうでない人もいます。しかしある程度そういうことが浸透して、それなりの成果があったように思います。

そういうことで、衆知による全員経営ということが今日でも松下電器の一つの基本の方針になっていますが、それが世間にも伝わって、いったいどうしたら衆知が集まるのか、衆知を集めるにはどのような方法をとったらいいのか、といった質問を受けることがよくありますす。しかし、それに答えるのはなかなかむずかしく、いわくいいがたしという面があるように思います。

衆知を集めるというと、すぐ考えられるのが、会議を開いて意見を交換するということです。確かにそれも一つの方法ですが、会議を開けばそれで衆知が集まるかといえば必ずしもそうではありません。その典型的な例が小田原評定というもので、それでは衆知でなく衆愚になってしまいます。ですから、別に会議がいけないというつもりはありませんが、どうしたら衆知が集まるかについては、そういう形式的な面もさることながら、もっと基本的に大事なものがあるように思います。

私は、何ごとによらず、それをなし遂げるために最も大切なことは、まずそのことを強く願うというか、心に期することだと思うのです。何としてもこれをなし遂げたい、なし遂げなければならないという強い思い、願いがあれば、事はもう半ば成ったといってもいい。そういうものがあれば、そのための手段、方法は必ず考え出されてくると思います。

ですから、衆知を集めようと思えば、やはりまず、〝衆知を集めたい〟という気持ちを強く心にもつことです。そういうものが心にあれば、それはその人の態度、物腰にも現われて、おのずと衆知が集まるようになってくるものです。

実際問題として、衆知を集めた全員経営といっても、ごく少人数ならともかく多少とも大きな企業では、一人ひとりの考え、意見をすべて聞くということは不可能です。しかし、社長なら社長に、皆の衆知によって経営をしなくてはならないという気持ちがあれば、やはり有形無形に社員の考え、意見が入ってきて、かりにかたちは独断のようであっても全員の心をわが心とした的確な判断ができるものだと思います。私がやってきたのも、そういうことだったように思います。

もちろん、そういう心がまえをもつとともに、具体的にはだれの言葉にも耳を傾ける謙虚さをもつとか、社員の人が意見を言いやすい雰囲気をつくるとか、そういったことを日常的にやっていくことが大切だと思います。しかし、そういうことも、根本に〝衆知を集めてやっていかなくてはならない〟という気持ちがあれば、自然にできていくのではないかと思います。

そういう意味で私は、衆知は〝集める〟ものというより、求める心さえあればおのずと〝集まる〟ものだと考えているのです。

うまくいかない原因は自分自身の内にある

およそ物事というものは、用意周到な計画を立てていったら、失敗はほとんどないといってもいいと思います。それが次々に失敗があるということは、やはりなすべきことをちゃんと考えていない。あるいは考えていても、実行していないというところに多く原因があるものです。

会社や商店の経営でも、うまくいかない点があるという場合、それはなぜか、うまくいかない事情はどこにあるのか、外部にあるのか内部にあるのか、と考えてみますと、ほとんど一〇〇パーセントといっていいほどその原因は会社自体にある、またお互い自身にあると考えられるのではないでしょうか。

世間が不景気だからうまくいかない、といいます。なるほどそういう点はありましょう。しかし、それは、みずからをそこで慰め、やむを得ないこととあきらめてしまっている姿ではないでしょうか。そのような世間全体の不景気というものについても、〝なすべきことをしていれば、それによって影響される事柄は、ほんとうはないのであって、それだけ大きな影響を受けるということは、その状態をやはり会社自体、あるいはお互い自身がつくっているからである〟と解釈すべきでしょう。

競争が激しいから経営が困難になった、という場合でも、その会社なり商店が、なすべきことをちゃんとなしていれば、競争が激しければ激しいだけ、かえって高く評価されて得意先が集まってくるということにもなると思います。それがそうならずして、逆に得意先が逃げていく、他にとられるということは、やはり得意先をひきつける実力というか、魅力に欠けるところがあるからそうなってくるわけです。

とかく私たちは、自分に都合のいいような解釈をしがちです。〝あいうことは予期しなかった〟というようなことを考えて自己慰安をする、お互いに慰めあうということをしがちです。一面においてはそういうことも必要でしょう。それによって悩みがやわらぎ、新たな気分になってまた仕事に取り組む勇気も湧いてくるからです。しかし、それだけではいけません。それと同時にもう一つ、深い原因は自己にあるという反省をしなければならないと思います。実際、何かうまくいかないことがあったとき、あとからよく考えてみますと、〝あのとき、こういうことをしておけばよかったのに〟とか、〝ああいうことはやる必要のなかったことだった〟とかいったことが、次々に出てくるものです。深く反省することによってそういうことに気がつくかつかないか。そのことが企業が順調に発展していくかどうかに大きくかかわっていると思います。

うまくいかない行きづまりの原因というものは、外部なりいろいろの事情はあるにしても、そのほとんど一〇〇パーセント、まあ少し割り引くとしても九五パーセントまでは自分にある。決して外部にあるものではない。そういう考えでやっていけば、そこに非常に新しい工夫がついてきて、不景気には不景気としてやっていく道、競争の激しい中では競争の激しい中でやっていく道というものが、必ずひらけてくるものだと思うのです。

社員に夢をもたせない経営者は失格である

私の社長時代には、機会あるごとに、何年後には会社の規模はどのぐらいになる、ということについての私の考えを、社員に話すことにしていました。たとえば、昭和三十年ごろには五カ年計画の発表といったことをやりました。

当時は、そういうことを発表する会社はほとんどありませんでしたし、社内での話であるとはいえ、当然社外にも漏れますから、いろいろとさしつかえの起こる面もあります。ですから経営の上からいえば、それは必ずしも好ましいこととはいえなかったでしょう。

しかし、五年先には生産をどれだけにする、そのためには従業員を何人にする、という数字を出し、それを遂行するのに必要な心がまえを話すことによって、社員のほとんどが会社の計画をよく知ってくれました。もちろん、それによって、どれだけの効果があがったのかはいちがいにはいえませんし、また他の会社にいわば手の内を知られるというマイナスもありました。しかしそれらを承知の上であえてそういうことを発表したのは、一つには社員にしっかりした目標なり夢をもたせたかったためであり、また一つには、それが経営者として正しい道であると信じたからです。

その後も、週五日制の実施であるとか、欧州並みの賃金の実現といったことを社員に目標として示し、ともにその実現に向かって努力する、ということをやってきました。

そういう行き方には、経営政策上いろいろの批判があるでしょう。事業遂行上、不利な面も多分にありましょう。しかし、経営者の確たる方針なり考え方を、社員全員に徹底して知らせるということは、そのような不利を超え、損得を離れて正しいことではないか。そう私は考えたのです。

その考えは、今も変わりはありません。つまり、経営者としての大きな任務の一つは、社員に夢をもたせるというか、目標を示すということであり、それができないのであれば経営者としては失格である、という気がするのです。

経営のコツここなりと気づいた価値は百万両

本書の標題ともなっているこの言葉は、実は昭和九年の元旦に、私が松下電器の社員にお年玉として贈ったものです。当時私は、松下電器の責任者としての自分が日ごろ考えていることを社員の人々により多く知ってもらうため、あるいは自分自身の話し方の訓練のためということから、毎日の朝会で社員に話をするということを続けていたのですが、昭和九年の年頭のあいさつの際に、この経営のコツということについての話をしたのでした。当時の記録から、その話の概要をここに引用してみます。

「昭和九年の輝かしい元旦を迎え、元気に満ちた多数諸君の賀詞を受け、これに過ぐる喜びはない。殊に国民の久しく待望し奉った皇儲《こうちょ》殿下の御生誕により更に御目出度い新春である。

昨年中は諸君の一致精励により、順調なる業績を収める事が出来て厚く御礼を申し上げる。

諸君の真摯《しんし》なる努力により年一年、進展を見つゝある事は真《まこと》に慶《よろこ》ばしい次第であるが、さて翻って考える時、自分の責務はこれに伴って加重するのである。即《すなわ》ち諸君の努力を活かすも殺すも、自分の指導宜《よろ》しきを得るか、否かによって決せられるのであるから、深甚の考慮を払わなければならない事を痛感する。然《しか》し乍《なが》ら諸君憂うる勿《なか》れ、自分には確固たる経営方策があり、断じて誤らざる事を明言し得るのである。安心して追随して来て貰《もら》いたい。

但し諸君は、各自受持った仕事を、忠実にやるというだけでは充分ではない。必ずその仕事の上に、経営意識を働かせなければ駄目である。如何《いか》なる仕事も一つの経営と観念する所に、適切な工夫も出来れば新発見も生まれるものであり、それが本所業務上効果大なるのみならず、以《もっ》て諸君各自の向上に大いに役立つ事を考えられたい。

されば諸君に今日のお年玉として左の標語を呈しよう。

『経営のコツここなりと気づいた価値は百万両』

これは決して誇大な妄語ではなく、真に経営の真髄を悟り得た上は、十万百万の富を獲得する事もさしたる難事ではないと信ずるのである」

昭和九年といいますと、ちょうど私が不惑を迎えた年ですが、改めて読み返してみて、自分もずいぶん若かったものだという感慨を禁じ得ません。しかし、ここでいっている経営のコツをつかむことが大切だという考えについては、現在でも少しも変わらないどころか、むしろはるかに強いものがあります。

実際、経営のコツをつかむということは、大切なことだと思います。

いかに学問、知識にすぐれ、人格的に一点も非の打ちどころのない人であっても、経営者として成功するかといいますと、必ずしもそうとは限りません。成功するためには、やはりそれに加うるに経営のコツというものをつかんでいなければならないと思います。

ある繁華街に、ぜんざい屋が二軒あるとします。同じぜんざい屋をやっているのですから、場所がら同じように繁盛していいはずなのが、一方はいつも満員、もう一方はそのあおりだけもらっているというようなことがよくあります。それも結局は、その店の経営者が一方は経営のコツをつかんでいるが、もう一方はそうでない、というところから生じてくる違いといえましょう。そのように経営者が経営のコツをつかんでいるかどうかによって、商売にしても企業経営にしても、発展に天地の違いが出てくることになると思うのです。

それでは、経営のコツとはどういうところにあるのか、どうすればつかめるのか、ということになりますが、これがまさにいわくいいがたし、教えるに教えられないものだと思います。経営学は学べますが、生きた経営のコツは、教えてもらって「分かった」というものではない。いわば一種の悟りともいえるのではないかと思います。

お釈迦《しゃか》様は、六年間山にこもって修行されましたが、それでも悟れなかった。そこで苦行をやめて山を下ってこられて、乙女《おとめ》に助けられた。そしてその乙女のさし出す山羊《やぎ》の乳を飲んで菩提樹《ぼだいじゅ》の下で一服されたときに、ホッと悟られたといいます。一生懸命の修行のあとで、安楽にしてじっと考えられたときに、フッと気がつかれたわけです。

私は経営のコツをつかむのでも、そんなものではないかと思うのです。

つまり、日々の経営者としての生活の中で、一つひとつの仕事に一生懸命取り組みつつ、そのつど、これは成功であったな、とか、成功であったけれどもここのところは完全ではなかったな、という具合に反省を重ねていく。そしてそれが、やがて意識しないでも考えられるというか、反省できるようになることが必要だと思います。そういうことを刻々にくり返していると、だんだん間違いをしないようになる。ということは、経営のコツが分かってきた、ということになるのではないかと思うのです。

そして、さらにいえば、一つの心がまえとして、やはり素直な心にならなければいけないと思います。自分の利害や感情、欲望といったものにとらわれない素直な心にいつもなるということです。そうすれば、人から意見を聞いたような場合でも、「そうですか。じゃあひとつやってみましょう」ということが、ごく自然に言えます。ところが、なまじ学問をして知識や技術を知っていますと、それにとらわれて、人の言うことでもなかなか素直に聞けない。そのために経営のコツを悟るのにも時間がかかる。そういった姿が少なくないのではないでしょうか。

素直な心については、私は以前から、その大切さを人にも言い、自分自身にも言いきかせて、その向上に努めているのですが、常住坐《ざ》臥《が》、常に素直な心になることができれば、人間というものは、物事のほんとうの姿、実相を見ることができるようになって、あたかも神のようにといってもよいほど、強く正しく聡明《そうめい》になることができると思います。

そうなれば、商売や経営において何が大切かといったことも的確につかむことができましょうし、人を生かしていくにはどうすればよいかというようなことも、その時々に応じて正しく判断できるようになるでしょう。それは経営のコツを会得した姿にほかならないと思います。その意味では、素直な心になるところにこそ経営のコツを得るコツがあるといっても決して過言ではない気がしています。

第二章

経営者の心得

結局は社長一人の責任

経営がうまくいくかどうかということは、いろいろの事情があるにしても、結局は最高経営者である社長一人の責任だと思います。

もちろん、社会情勢の影響などもあるでしょうが、経営というものはだいたいは、社長の責任において、どうにでもなっていくものです。社員が社長の意のままにならないと思われる場合でも、根気強く、誠意と熱意をもって説得すれば、やがては必ず聞いてもらえます。とすれば、会社がうまくいかないということは、社長の意図するところに大きな欠陥があるからで、他人を責める前に、まず、みずからを強く責めなければならないと思うのです。

こんなことは、分かりきったことといえばそれまでですが、経営者といえどもお互いに人間です。ですから追いつめられれば、そこに人間共通の弱さも出てきます。そして、他人を責めることに急であったり、あるいは意固地になって高所からの判断を誤ったりすることもあります。

しかし、経営者として立つ以上、いかなるかたちにおいても、責任回避ということは、いっさい許されないという覚悟が大切でしょう。この心がまえがしっかり養われれば、社内にも必ずそれが浸透すると思います。部の運営は最終的には部長一人の責任、課は課長、係は係長、班は班長一人の責任、そして一人ひとりの社員の仕事の成否は、その人自身の責任といった意識が社内に行きわたります。そうなれば、そこからそれぞれの自主性にもとづく力強い仕事が進められることになるでしょう。言うは易く行うは難い〝信賞必罰〟というものも、ピシッと行えるようにもなると思います。

つまり、会社なり商店の経営においては、社員一人ひとりがそれぞれに自覚して、責任をとろうという考えを常にもっていることがきわめて大切だと思いますが、結局それはまず経営者自身が〝自分一人の責任〟と感じるかどうかにかかっていると思うのです。

平穏無事の一日にも体験がある

私たちお互いが、日々さまざまな体験を重ねていくことの大切さ、尊さは、改めていうまでもありません。一度失敗したことは体験として残ります。成功したことも体験となります。そういうことを年とともに重ねて自分の血肉としていくことが大切で、年長者というか先輩が尊重されるのは、やはりそういう多くの体験をもっていることによるのだと思います。年をとっても何の失敗の体験も成功の体験もないというのでは、ほんとうに年をとったことにはならないのではないでしょうか。

しかし、体験というものは、失敗なり成功なり何か事があったときだけに得られる、というものでしょうか。事なくして平穏無事、安定した時を過ごしているという姿であれば、体験を得ることはできないものなのでしょうか。決してそうではないと思います。

考えてみますと、私たちが日々取り組んでいることは、すべてが失敗であり、またすべてが成功であるともいえるように思います。商売をして行きづまって借金ができた、というようなことだけが失敗ではありません。失敗というものは成功の過程にもあり、逆に失敗の過程にも成功があると思うのです。

もっと具体的にいいますと、平穏無事の一日が終わったとき、自分がきょう一日やったことは、はたして成功だったか失敗だったかを心して考えてみるということです。そうしますと、あれはちょっと失敗だったな、もっといい方法があったのではないか、というようなことが必ずあると思います。それについて思いをめぐらせば、これはもう立派な体験といえるのではないでしょうか。

つまり、かたちの上で、あれは失敗だ、成功だと世間からいわれる。そういうことだけが体験なのではなく、日々お互いがくり返している目に見えない〝これはちょっと行きすぎだったかな、ちょっとまずかったかな〟というようなことも十分体験たり得る。問題はそういうことを、みずからの体験として刻々に積み重ねているかどうかだと思うのです。ただ不用意に漫然と日を過ごしていれば、年はとっても体験をもたざる人になってしまうでしょう。

経営者としては、そうした点について、みずから努めて体験の幅を広げ深めていくとともに、社員に対してはそのような体験を重ねていきやすいような配慮をしていかなければならないと思います。もし、若い社員に仕事を与えない、与えても自主的にその人の頭で、その人の考えで仕事をさせていない、というのであれば、それはその人の体験にはなりません。いつも上司の命令によって動くというだけでは、機械と同じことになってしまいます。

ですから、やはり、その人の考え、自主性において仕事をさせていくということが、その人を育てる上においてきわめて大切で、お互いにそうした配慮を常に怠ってはならないと思うのです。

経営は手品ではない

経営者というものは、話し方の上手下手は別にして、常にそのときそのときの真実を訴えなければいけないと思います。

かりに、「三カ月前にあなたが言ったことと違うではないか。豹変《ひょうへん》している」と非難されても、それが真実であれば、かまわないと思うのです。便宜上言っているのでは具合が悪いし、迫力も生まれませんが、真実を語れば、きのう言ったことと全然変わったことであっても説得力があります。

ですから、経営者は、常に真実というものに立たなければいけない。策を弄《ろう》するようなことでは、真の経営者とはいえないように思います。

私の場合、いろいろのことをやってきましたが、そのときそのときの瞬間というものを、真実に立って語ってきたということは明言できると思います。そのためでしょうか、だいたいにおいてあまり抵抗なしでこられました。

労働組合との話でも、いざというときには分かってもらえました。それは、常に自分がほんとうのことを語り、真実にもとづいて仕事をするよう心がけてきましたから、それを皆が知っていてくれたのだと思います。

経営というものは、手品でも何でもない。ごまかしでなく、一つひとつキチンキチンと正しくやり、やがてそれで信頼してもらうということに尽きると思います。

そういうところに経営者としての一つのしっかりした信念をもたなければ、経営者は弱いものだと思います。

経営者というものは、知識は最高でなくてもかまわない。知恵も技術も最高でなくてかまわない。けれども、真実にもとづいて経営をしなければならないという使命感だけはだれにも負けないものをもっていなければいけない。それで皆が働いてくれるのだと思います。

知識で経営しようとか、技術で経営しようとか、そういうことでは真の経営者にはなれない。一応の仕事はできるけれど、総合の経営の頂点には立てない。

今ふり返ってみて、そんなことが私の経営者としての一つの信念であったように思います。

経営者には社員の注目が集まっている

たとえば戦をするという場合、その大将が少々戦況が自軍に不利であっても、〝よし、この戦、きっと勝ってやろう、勝つんだ、勝てるんだ〟という確固とした信念をもっていれば、たいていは勝てるものだと思います。大将がそういう信念をもっていれば、それがおのずと部下のみんなに分かりますから、部下の意気も大いにあがり、いつもより以上の力を出して戦います。それで勝てる、ということになると思うのです。

反対に、大将が、〝この戦、負けるかもしれないな〟と少しでも思ったら、もう勝てるものでも勝てなくなってしまうのではないでしょうか。実際に自分で戦をしたわけではありませんが、私は人間にはそんな一面があるように思います。

そしてそれは、商売、経営についても同じことがいえるのではないでしょうか。何か非常な困難に直面したという場合、経営者が〝この困難をきっと乗り越えてやろう、乗り越えられる〟と思いこむことがまず大切で、そういうことなしにその困難を克服することは、きわめてむずかしいと思います。

それは具体的にいいますと、たとえば不況で仕事がないという場合でも、経営者は社内を沈滞させないようにしなければならないということです。「仕事がなければあした一日休もう、しかし、ただ休んではいけない。一口相撲《すもう》をとろう、相撲をとって力を養い、勇気を鍛えよう」とか、「休んでも仕事の腕を落としてはいけない。腕を磨くためには、外で鉄でも拾ってきて、ヤスリをかけよう」とか、とにかく、そういう積極性のあることを言って社員の士気を鼓舞し、希望をもたせなければなりません。そういうときに経営者がシュンとしてしまって、社員とともに「困ったな」と言っていては、事態は悪くなる一方です。

経営者には、社員みんなの注目が集まっているのです。そのことを、経営者は一刻も忘れず、どんな場合にも旺盛《おうせい》な経営意欲を失ってはいけない。そう私は思うのです。

引くに引けないという決意が道をひらく

石油ショック以後の商売、経営をとりまく環境には、きわめて厳しいものがあります。刻々に変化する先が読みにくい状況の中にあって、それでも、何らかの手を次々に打っていかなければならない。しかもその打つ手に適切さを欠けば、一瞬の間にいわゆる〝港で船を割る〟といったことにもなりかねないというわけで、困難といえばまことにたいへんに困難な時代になったものだと思います。今は戦争でいうなら、うっかりするとこちらの敗北に終わるかもしれない、命がなくなるかもしれないというほどの、非常に手強《てごわ》い大敵を向こうに回しているような状態ともいえましょう。

しかし、そのような困難というか不況というものは、これまでも五年に一度とか十年に一度とか、大きくは半世紀に一ぺんというように、その時々の社会情勢あるいは世界の情勢を背景にして、何度か起こってきています。その時々に経営者はどのようにして切り抜けてきているのでしょうか。

国々によって、また経済界の情勢によって対処の仕方はおのずから違うでしょう。しかし、いついかなる場合でも変わりのないことが一つあるように思います。それは、経営者としての自覚にもとづいて、最大の努力をもって勇敢に立ち向かい、最善の戦いを進めていくということに尽きます。その勇猛心がなければ敗北してしまいます。

要するに不況というのは、大暴風雨に直面するようなものです。大暴風雨になれば、その中を歩いていかなければなりません。歩かずに退避する、というのもときには一つの方法でしょうが、企業経営において退避ばかりしているというようなことは許されません。やはり最後はいやでも立ち向かって歩かなければなりません。

それには、そのための覚悟をし、用意をすることです。傘なり雨具をもっと丈夫なものにするとか防寒服でも着るとかの用意をすることです。

そして、私の体験からいきますと、落ちついてよく考えさえすれば、雨の強さ、風の強さに応じて、傘をさす方法もありますし、風よけをするような心がまえも湧いてくるものだと思います。それは、このまま退避することはできない、どうしてもこの暴風雨に向かって進んでいかなければいけない、という決意をすれば、そこに道というものはつくものだということです。

いずれのときにも、身を切られるような思いに悩みつつも勇気を鼓舞してやっていく。崩れそうになる自分を自分で叱りつけて必死でがんばる。そうすればそこに知恵、才覚というものが必ず浮かんでくるものです。

もし自分に知恵がなければ、先輩にきくとか、あるいは同業の競争相手にもきく。「弱っているんだが、なんとかいい方法はないか」と、そこまで腹を割って相談すれば、競争相手であっても知恵を授けてくれることもあります。私自身、これまでそうやって道をつけてきたように思います。

そのようなことから、私は、今日の厳しい事態に対処するにも、とにかくまず、引くに引けないという経営者としての覚悟を定め、最大の努力をもって勇敢にこれに立ち向かおうという精神を確立することだと思います。それが今日のむずかしい時代に対処する第一歩ともいえるのではないでしょうか。

いざというときに社員から借金できるか

商売、経営を進める過程で、不景気に直面して非常な困難に陥り、資金不足に追いこまれるというようなことがあります。そういうときに、銀行から金を借りようとしても、必ずしも貸してくれるとは限りません。非常に困るわけですが、そういうときに私自身が考えたことは〝うちの社員は今何人いるだろうか。千五百人いる。彼らはどれだけ金をもっているだろうか。人によって違うだろうが平均十万円ぐらいもっているだろう。その十万円を借りよう。そうすると一億五十万円になる。それだけあれば、十分やっていける〟というようなことでした。そういう腹を自分でくくったわけです。

といっても、実際に従業員に〝金を貸してくれるか〟という話をしたわけではありません。話はしませんでしたが、〝いざという場合は彼らの金を使わせてもらおう。彼らは金を出してくれるだろう〟という信念に立ったわけです。そうすると、その信念が言動に出ますから、従業員にしても真剣に考えてくれて、私の言うことをよく聞いてくれる。結局借りずにすんだというようなことが幾度かありました。

それは、日ごろの経営に取り組む私の心がまえに、〝社員の諸君とともにやっているんだ〟という考えがあったからだと思います。そうであればこそ、そのような非常時に際して「自分も金を出すけれども、諸君も出してくれ、そうして金をつくろうではないか」ということを最後には話をしてでもやっていこう、という気になれたのだと思うのです。

銀行が金を貸してくれなくても何も心配ない。従業員が千人おれば、一人一万円ずつでも一千万円できる。二万円ずつなら二千万円できる。いざという場合にはそうしてもらおう、というような信念を経営者がもてるかどうか。そんなことはできないと考えるか、できるんだという考えをもつか。問題はそこにあると思います。

つまり、大事なのは経営者の信念です。「みんなのためにやっているのだから、諸君もそのぐらいのことはやって然るべきだ。平生は賃上げとかいろいろ要求しているのだから、こういうときには会社に奉仕せないかんじゃないか」というようなことを社員に、あるいは労働組合に訴えられるかどうか。

私は、そんなことはできないとは考えませんでした。いざというときには、そこまでやってやろうという考えをもっていました。

幸いにして今日まで、そこまでしなければならない状況はありませんでしたが、いつの場合でもやはりそういう信念がきわめて大切で、特に非常時にはそこまでの信念があるかどうかが問われることになると思うのです。

部下のために死ぬ覚悟があるか

「一将功成りて万骨枯る」という言葉があります。だいたいの場合、その言葉のとおりだと思います。天下を取るような人はたくさんの人をかかえています。その人たちが犠牲になって天下を取るというのが普通の姿でしょう。しかし、一応はそういう姿であっても、その人将が、いざというときには軍勢は逃がしても自分は踏みとどまって、軍勢が逃げきるまで戦いぬく、自分はみんなのために死ぬという覚悟を、常にもっていることが大切です。そういう覚悟ができていない大将であれば、部下もほんとうにその人のために働こうとはしないでしょうから、結局戦争に負けてしまって、功成ることにはならないと思うのです。

われわれの商売、経営でも同じことだと思います。経営者に求められるものはいろいろありましょうが、そういう覚悟があるかどうかがいちばんの問題だと思います。そういう心根は、ほんとうはみんなに分かるもので、それがなければ、みんなが心から敬服してその経営者についていくということにはならないと思います。経営者の方も、そういうものをもたないと、妙に遠慮したり、恐れたりして社員を叱ることもできなくなります。それでは社内に混乱が起こることにもなってしまいます。

ですから、やはり経営者たるものは、いざというときには部下のために死ぬという覚悟を、常にもっていることが大切だと思います。といっても、戦国時代とは異なる今日の時代においては、実際に命を取られるということはめったにあるわけではありません。しかし、いわばそれほどの思いをもって日々の経営にあたるのでなければ力強い発展は期し得ないということです。

そしてそのような経営者の平素の心根がいちばんものをいうのが、会社が困難に直面したときではないでしょうか。

絶えず自分で自分を励ましていなければいけない

〝経営者は信念をもたなければならない〟とか、〝使命感に立たなければならない〟ということを私は日ごろよく口にしています。しかし信念とか使命感というものを終始一貫もち続けるということはなかなかむずかしいことだと思います。

私の場合、事業を始めた当初は、いわば食わんがためにとにかく一生懸命働いたにすぎませんでした。しかし、一年、二年たつにつれて、また人が十人、二十人と増えるにつれて、だんだん考えざるを得ないようになってきました。年中、なんとなしに働いていたのではすまない気がして、会社としての理想なり使命感といったものを、私自身を鞭撻《べんたつ》するためにも、また社員に話をするためにももたなくてはいけない、という気になったのです。いわば必要に迫られてそういう気分が生まれてきたわけです。

それから私は、自分の考えたことをもとによく社員の人たちに、信念をもてとか、使命感をもって仕事をせよとかいうことをいってきたのです。しかしその私自身がどうであったかといいますと、必ずしも人より強い信念や使命感を、常にもっていたわけではありません。むしろ、ともすればくじけそうになり、またときに煩悶《はんもん》が激しいこともありました。

けれども、そのたびにまた心をとりなおし、勇気を奮い起こして社員の人たちにも話をする。そしてそのことによって、私自身、その信念なり使命感をより強固にしてきたというのが正直なところのように思います。

人間というものは、人に向かって〝わしはこうなんだ!〟と強いことを言う人ほど、絶えず心の内では煩悶しているという面があるのではないでしょうか。ですから、絶えず自問自答して、しっかりしたものをもたなくてはならない、と自分で自分に言ってきかせる。ともすればグニャッとなる気持ちを、自分で叱りつけ励ましていくことがどうしても必要だと思います。そういうことを日ごろ重ねていれば、何か事があったときに、はっきりしたものがもてると思うのです。その意味で、どういう道にあっても、人生なり仕事というものは一生が修業だという気がします。

悩みこそ社長の生きがい

〝不確実性の時代〟ともいわれる今日、先の見通しをつけることはなかなかむずかしいものです。それだけに、経営者の悩みも大きい、ということになります。しかし厳密にいえば、そういう悩みは、なにも今日に限ったことではないと思います。これまでもありましたし、これからも毎日ある。それがほんとうのところでしょう。

ところが、その悩み多い、波瀾万丈《はらんばんじょう》の社会ほど、なすことある人というか、志をもった人には面白いともいえるのではないでしょうか。

そういう人は波瀾のある世相、混乱、混迷の時代ほどいきいきとし、仕事への興味も湧き、勇気凛々《りんりん》としています。

しかし、そういうものをもたない人は、時代に流されます。混迷に流されて動揺、混乱してしまいます。経営者がそういう状態では、会社はうまくいきません。

ですから、経営者たるものは、どういう事態に直面しても、いつも〝これは運命だ〟というくらいの覚悟をもっていなければいけないと思います。

昔、侍というものは、家を出れば七人の敵があるといわれました。いつ何時、いざという事態に直面し、命を落とすか分からない。そのための心がまえを常にもっていなければならない。それが侍としての覚悟だと言ってきかされており、そういう心がまえで終始することによって侍としての身分を保っていたわけです。

現在の経営者には、侍以上の覚悟がいると思います。自分の生命は死に直面しており、企業はまた倒産に直結している。そういう綱渡りをしているのだ、というような意識を一面にもっていなければいけないのではないでしょうか。

それを、安閑と、のんびりやっているというのでは、いわゆる経営者という名をかぶっていても、ほんとうの経営者とはいえないでしょう。酒を飲んでワイワイいっていても、常にそういう危険性を負っているのだ、みんなの責任を負わされているのだと意識しているかどうか。しかも、それを意識していて、なお酒をおいしく飲むというようにならないといけないと思います。意識したところまではいいけれども、意識したために心配で酒がおいしくない、というようなことでは、これもまた経営者として失格でしょう。

社長というものは、従業員が一万人いれば一万人の心配を背負っていくものです。ですから、心配で夜も眠れないというときもあります。眠れないからつらい、苦しい。しかしそのつらいところが社長の生きがいである。社長が心配しないでのんびりやれる会社などあり得ない。眠れなかったり、煩悶したりしている姿こそ社長の姿で、そこに社長としての生きがいがある。そういう考え方に立つことが、今日の経営者には求められているのではないでしょうか。

右手に経営　左手に政治

商売、経営に取り組む者にとって、今日は、昔と比べて、自分の努力、力だけではどうしようもない、というような不安、もどかしさを感ずることが増えてきているように思います。

といいますのは、昔は、政治と経済は別々で、経済界のことは経済界でやればいいという面が強かったと思うのですが、今日では、政治と経済は一体のものであるという傾向が相当強くなり、政治いかんで経済がよくなったり悪くなったりするという面が増えてきています。

ですから、どれほど努力しても、自分の畑のことだけでは問題が解決しないということが少なからずあって、そこから昔とは質の違った悩み、不安が大きくなっているように思うのです。

しかもその政治が、相当、混迷、混乱の様相を深めつつあるというのが今日の状態です。政治の基本方向というか、国家運営の基本の目標も曖昧《あいまい》のままに、筋論の議論ばかりが重ねられていて、そのもとに経済界も一般国民も、いわば五里霧中の不安の中にいるというのが実情ではないでしょうか。

願わくば、今後のわが国が進んでいくべき基本の方向だけでも明確に打ち出してほしい、そうすればどれだけ仕事がしやすいことかと思います。

しかし、そういうものが打ち出されないからといって、企業を預かる経営者としては、じっとしているわけにはいきません。やはりそれぞれの立場で、みずからが可能な範囲のことを、一つひとつ決定し、実践するよう努めていかなければならないと思います。

つまり、国が、また政治がどうあろうとも、会社としてはこうあるべきだ、こうやらなければならないということを、国のことを思いつつも独自で考えなければならない。政治的な面からどういう困難が出てこようとも、経営者として立つ以上は、みずからが是とするところを求めてやりぬくのだという自分なりの理念、信念をもち、それに共鳴する人と手を握る。そういうようにして、一部分の安定を求めていくことが大切だと思うのです。

しかし、それだけではやはり十分ではないと思います。その一方で、政治に対して、経済人としてまた国民として、政治はこうあるべきだ、こうあってほしいということを、力強く要望、提案していくことがあわせてどうしても必要でしょう。

そういうことなしに経済界だけを良化していくということは、今日の社会においては不可能だと思います。ですから、経営の面と同様に、政治への要望、提案といったことについても、お互いに議論し、交流しあっていくということが大切だと思います。

そういう姿がだんだん広がっていくことによって、やがてそこから国の方針についても国民的合意が生まれてくると思うのです。

そのようなことからしますと、今日の経営者には、〝右手に経営　左手に政治〟といった姿が強く求められているということになるのではないでしょうか。

商売に行きづまりはない

戦国時代の昔、堺の商人は、織田方と取引しながら、他方で、織田の敵側になる毛利とも商売をしたといいます。われわれには、買ってくれる人がお得意さんである、敵味方にこだわって売る売らんというようなことは考える必要がない、それが堺の商人の冥利《みょうり》である、ということでしょう。

これは、商売というものを中心に考えれば、正しいことだと思います。商人は物を供給するという使命をもっているのですから、おまえは嫌いだから売らない、おまえは好きだから売るというようなことは、すでに商売の邪道です。いかに憎かろうと、いかに好きであろうと、商売となれば公平にやらなければいけないと思います。そういうことを私たちの先祖はやってきているわけです。

それは、ある場合には、敵に味方していると誤解されて殺されるかもしれないことです。しかし、そういうことすらも恐れずして、堂々と商売に徹していたわけです。

堺の商人だけではありません。何千年の昔から、商人というものは、洋の東西を問わず、いわゆる戦乱の巷《ちまた》で流れ玉に当たって死ぬかもわからないという中でも、商売をしてきているのです。

そういうことを考えてみますと、今日の私たちをとりまく経営環境がいかに厳しいといっても、まだまだ楽なものだ、結構な時代であるということになるのではないでしょうか。混迷とか不況といったところで、天地がひっくりかえるというのでもなければ、命を取られるというのでもありません。ですから、その時々の状況にふり回されて、右往左往することのないようにしなければならないと思います。

そのためにはやはり、堺の商人がもっていたような商売の本道というか使命というものを、まず自分でしっかりとつかむことだと思います。そういう安心の境地というか、喜びの境地を探して、その上に立って商売をしていくということです。そうすれば、いくらでも勇気や知恵が出てくると思うのです。

私はこの人間の社会というものは、本質的に行きづまるということはないと考えています。つまり、大昔から人類は何百万年と生き続けて、だんだん発展してきている。決して行きづまって終わったりしていません。ですから、今後もそのとおりで、いろいろ現実の問題としてて苦労がありたいへんだけれども、結局は、それぞれに道を求めてやっていけると信じています。もちろん、実際にはそれは決して容易なことではないと思いますが、しかし、少なくとも経営者として激動の時代に対処していくには、そのような信念を基本にもっていることが必要ではないかという気がするのです。

自分は生きた芝居の主人公

昨今の厳しい情勢の中では、お互い経営者として、ときにやりきれない気分になることもあると思いますが、そういうときに、一つの心の持ち方としてつぎのようなことを考えてみてはどうでしょうか。

それは、お互いの人生なり仕事を含めて、この現実の社会というものを、一つの芝居、ドラマと考えるということです。

芝居とかドラマというものはなかなか面白いものです。テレビのドラマを見ていて、つい時のたつのを忘れるということもありますし、芝居や映画を相当の料金を払ってでも見に行くということもあります。そして、自分もあたかも登場人物の一人であるかのように一喜一憂し、ときに笑い、ときに思わず目頭を熱くしたりもするわけです。

しかし、考えてみますと、現実の社会というものも、一つの芝居と見られないこともありません。そこでは、われわれ一人ひとりが演出家であり、役者であり、また同時に観客でもある。そういうかたちにおいて、いろいろな生きたドラマが展開しているということができましょう。

この生きた芝居は、見方によっては、普通の芝居よりはるかに面白いと思います。演出するのも演技するのも自分です。やり方次第で、いくらでもいい芝居ができる。しかもそれを自分で鑑賞するのですから、ひとしお味わい深いものがあります。

もっとも、普通の芝居やドラマでも、全部が全部面白いかといえば、そんなことはありません。ストーリーも単調であまり起伏がない、見せ場も少ないというのでは、見る方としてもそれほど興味が湧きません。やはり物語も変化に富み、波瀾万丈手に汗握るといった芝居のほうが見ていて面白いのはいうまでもありません。

われわれの生きたドラマもこれと一緒ではないでしょうか。無事平穏な世の中で演じられるよりも、激動の社会を舞台にくり広げられるほうがはるかに興味があり、味わい深くもあるでしょう。

そう考えれば、今日の社会情勢、経済情勢というものは、実に面白い芝居であるということになります。かつてない、いわゆる開闢《かいびゃく》以来といっていいほど困難でもあり、変化の激しい事態であるということは、すなわち、かつてない波瀾に満ちた興味津々たるドラマがくり広げられているということです。

その中で、われわれは、一人ひとりが主役として演技しているのです。そう考えると、これは役者冥利に尽きるというか、役者たることにまたと得がたい感激を覚えて、ひとつ名演技を披露しようということにもなるのではないでしょうか。またそういう姿をみずから鑑賞することにもいっそう深い味わいがあるというわけで、この生きたドラマの価値は測り知れないものがあるのではないかと思います。

困難な情勢に直面すると、人間というのはともすれば、あれこれ不安を感じたり心配したりします。そういう時代に生まれあわせたことを嘆いてみたり、あるいは、だれが悪い、彼が悪いと憤慨してみたくもなります。そういうことも人情として一面無理からぬものがありますが、それに終始していては何も生まれてきません。心も萎縮《いしゅく》してしまい、困難に対処していくための知恵も出てきにくいでしょう。

ですから、私は、今日のむずかしい世の中を一つの生きた芝居と見、自分はその中の主役であると考えたいのです。そうすれば、激動の今日の社会は、最も演技のしがいのある時代、いいかえれば、いちばん生きがいのある、面白い時代だということにもなってきます。

そういうところから大きな喜びも湧いて心も躍動してくるでしょうし、いたずらにおびえたり、憤慨したりすることなく、冷静に事態に対処する道を見出すこともできやすくなってくると思うのです。

病弱と寿命は別のもの

私は今八十五歳ですが、ありがたいことに、いたって元気で、いろいろな仕事に取り組みつつ忙しい日々を送っています。そのためでしょうか、よく「あなたの健康法は」という質問を受けることがあります。しかし、改めてそう問われると、これといった特別のことが思いあたらずいつも返事に困るのですが、私は生来、どちらかといえばいわゆる蒲柳《ほりゅう》の質《たち》といわれるような虚弱な体質でした。

私は、兄弟姉妹八人の中の三男、末子として生まれました。まだ子どものころ、家が傾いて貧困のドン底にあったとき、わずか一年ほどのあいだに、二人の兄が相次いで死に、また次姉も死んでしまいました。それからしばらくして残った姉がまた二人も死んでしまうということで、私が十五、六になるまでに八人のうち五人までが亡くなってしまったのです。しかもそのうち三人までが、今でいう結核でした。

そんなことから、私も成人するに及んで自分の健康になんとなく不安を抱いていましたが、はたせるかな、満十八の年に仕事の過労がたたったのか、ついに血タンを吐くような事態に陥りました。当時の私は、電灯会社に勤めておりましたが、給料は日給ですし、今のような社会保障制度もありません。ですから勤めを休めばたちまち食うに困る、養生しようにも養生しようがないというせっぱつまった状態に追いこまれたのです。

そこで、こうなった以上もうなるようにしかならない、と度胸を定めて、可能なかぎりの養生をしようと考え、三日働いては一日休み、一週間出勤しては二日家で休むというような生活を続けました。

ところが不思議なことに、そんなことを一年半ばかり続けているうちに、病気の進行が止まってしまいました。特によくなったわけではありませんが、悪くもならないようになったのです。ギリギリの線に追いやられて、一種の諦念《ていねん》をもち、その上に立って体と病気を大事に扱ったことが、幸いにもよい結果をもたらしたのではないかと思います。

その後、私は自分の体が弱いということも一つの動機となって、会社を辞め、独立して商売を始めたのですが、四十すぎぐらいまでは、寝たり起きたりの状態で仕事を進めていました。そして若いころはとても五十歳まではもつまいといわれていたのに、今日、八十五歳を迎えるようになりました。

そんなことから考えますと、私はいわゆる病弱と寿命とは別だということをつくづく感じます。人にはみな、それぞれがもって生まれた資質というものがあって、その強弱の度合いというものはみな異なっている。一人として同じ顔をした人がいないように、もって生まれた体の強弱もみな違っています。ですから、弱い人は弱いなりに、これに順応した生活態度をとるならば、頑強な人とはまた違ったかたちで十分な社会活動もできるし、長寿も保てると思います。

つまり私は、みずからのもって生まれた資質というものを素直に承認して、それに応じた姿で体を大事にすることこそ大切ではないかと思います。私の場合、そうせざるを得なかったわけですが、それがいわば天地自然の理に従うということであり、これは健康に限らず、何にでもあてはまることではないかと思っています。

青春とは心の若さである

私には、十数年前から、いわゆる座右の銘としている一つの言葉があります。それは、

青　春

青春とは心の若さである
信念と希望にあふれ
勇気にみちて日に新たな

活動をつづけるかぎり青春は永遠にその人のものである

というものですが、これは、私がある成人式で講演をしたとき、若さというものについて一つの感慨をもったことから、あるヒントをもとにつくってみたものです。

これには、常に若くありたいという希望と、常に若くあらなければならないという戒めがこめられています。肉体的な年齢が年々増えていくのは、だれもが避けて通れない事実ですが、心の若さは気の持ちようであり、それは必ず表に現われます。つまり、常に前へ進む気力さえ失わなければ、若さはいつも向こうからついてくる、というのが私の信念です。

そのよい例が芸術家です。八十歳、九十歳でなお毎日制作に励み、工夫を凝らし第一線に立つ。そういう気魄《きはく》を失わない方が少なくありません。それらの方々は、組織の上に乗っている経営者と違って、定年もなければ引退もありません。生きているかぎり、自分との戦いが続きます。常に自己観照することで進むべき道を探り、前進するエネルギーを、みずから生み出していかなければなりません。自分しか頼るものがない。その緊張感が若さを保ち、エネルギーを生むのだと思います。

私は、数え年の八十歳を機に会長を退任し、相談役になりました。

松下電器創業五十五周年にもあたり、一つの区切りをつけてよい時期だと思ったからです。しかし、これは会長という一つの役職からの退任であって、人生から引退したつもりは毛頭ありません。いや、むしろ引退してはいけないと思っているのです。

今のわが国は、明治、大正、昭和の三代の人々によって動かされています。数からいえば昭和が圧倒的に多く、明治生まれは、若い人でも七十歳に近く、なんとなく一線を退《ひ》かざるを得ないような立場にいる人も少なくないようです。

退く、退かないはその人の自由です。しかし、現在の社会情勢、経済環境は決して万全とはいえません。会社や職場を離れても、明治の人の豊かな経験と知識は大いに社会に役立てるべきでしょう。

私も、茶をたしなむ程度の趣味はないわけではありませんが、今の心境は、次々となすべきことに想いが走り、とても悠々自適とはいきません。偉大な画家北斎は、九十歳で死ぬとき、「もう十年、百まで生きたい、まだやることがたくさんあったのに……」と残念がったといいますが、私も、もう間近に迫った二十一世紀まで、心の若さを保ちつつ生き続けたいものと念じているのです。

あとがき

商売のコツ、経営のコツというものは、私は決してひと通りしかないというものではないと思います。基本的な考え方においては共通するものがあるとしても、そのかたちは、いわば経営者の数だけある、経営者それぞれに異なったものであっていいし、またそうでなければならないと思います。

人にはそれぞれ、独自の個性、持ち味というものがあります。ですから、それぞれの人が、基本の考え方をふまえつつも、その個性、持ち味を生かして、その時々に応じた商売、経営の進め方を工夫、実践していくことこそ大切で、そういうところからそれぞれの事業の力強い発展も、社会全体の向上発展も生み出されてくるのではないかと思うのです。

まえがきでも申しましたように、本書に示したのは、六十年の経営体験を通じて得た私なりの行き方、考え方であり、しかもそのごく一端にすぎません。しかしそれらを、これから皆様がそれぞれの持ち味に応じた独自の商売、経営を力強く展開していかれる上で、多少なりともお役立ていただければ、と願い念じている次第です。

この作品は、一九八〇年三月にＰＨＰ研究所より刊行された。

ＰＨＰ文庫　経営のコツここなりと気づいた価値は百万両

2001年５月15日　第１版第１刷
2019年３月21日　第１版第12刷

著　者　松下幸之助
発行者　後藤淳一
発行所　株式会社ＰＨＰ研究所
東京本部　〒135-8137 江東区豊洲5-6-52
第四制作部文庫課　☎03-3520-9617(編集)
普及部　☎03-3520-9630(販売)
京都本部　〒601-8411 京都市南区西九条北ノ内町11
PHP INTERFACE　https://www.php.co.jp/
制作協力
組　版　株式会社PHPエディターズ・グループ
印刷所
製本所　凸版印刷株式会社

 ISBN4-569-57561-7

松下幸之助「心得帖」シリーズ

商売心得帖

事業一筋、その豊富な体験と深い思索から説く商売のコツ、ビジネスの基本の数々。いかなる時代にも通じる商売の初心・本質が語られる。

経営心得帖

年々激しく変化する経営環境のなかで、日々の経営、商売、ビジネスはどうあればよいのか？「経営の達人」が説く、経営の機微と真髄。

社員心得帖

厳しい企業環境のなか、いま社員の質が問われている。自らを高めるためになすべき事、考えるべき事とは？ 体験豊かな著者が切々と説く。

人生心得帖

著者の長年の体験と鋭い洞察から生み出された「人生の知恵」。生きる指針が見失われがちな現代に贈る、日々の過ごし方、生きがいの見つけ方。

実践経営哲学

幾多の苦境・成功の体験からつかんだ著者ならではの経営観、経営理念。混迷が続く今日、経営の原点とは何かを、全ビジネスマンに問う。